Impressum
Verlag: BABADADA GmbH, Nedderfeld 112 , 22529 Hamburg
Geschäftsführer / Verlagsleitung: Harald Hof
Druck: Books on Demand GmbH, In de Tarpen 42, 22848 Norderstedt

Imprint
Publisher: BABADADA GmbH, Nedderfeld 112 , 22529 Hamburg, Germany
Managing Director / Publishing direction: Harald Hof
Print: Books on Demand GmbH, In de Tarpen 42, 22848 Norderstedt, Germany

1

die Schule
škola

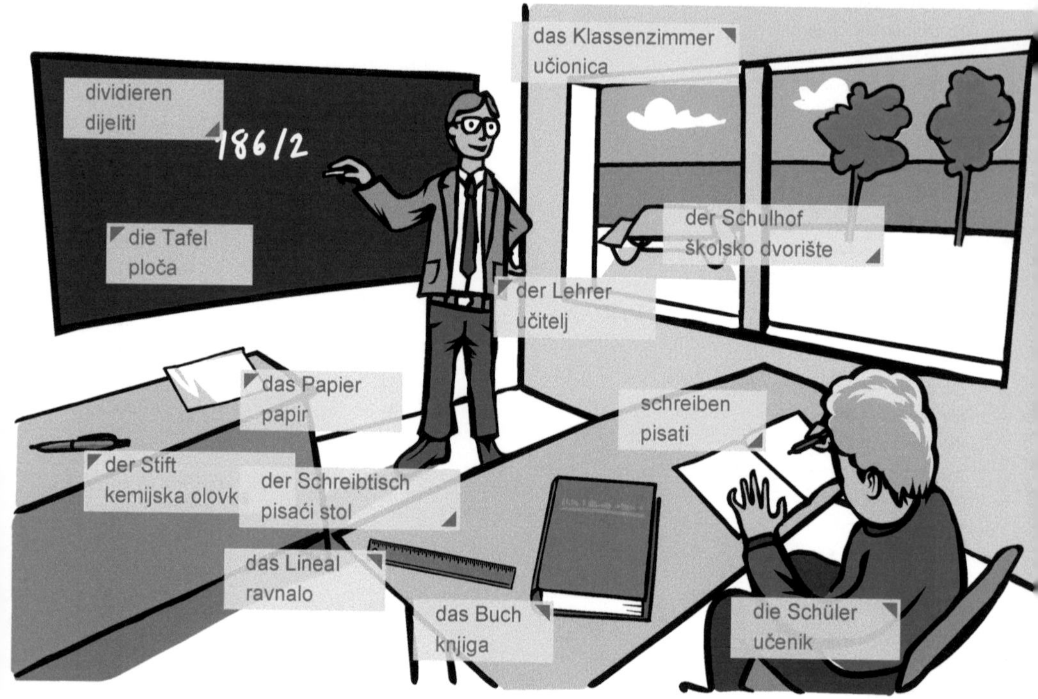

das Klassenzimmer
učionica

dividieren
dijeliti

186/2

die Tafel
ploča

der Schulhof
školsko dvorište

der Lehrer
učitelj

das Papier
papir

schreiben
pisati

der Stift
kemijska olovk

der Schreibtisch
pisaći stol

das Lineal
ravnalo

das Buch
knjiga

die Schüler
učenik

der Ranzen

torba

die Federmappe

pernica

der Bleistift

grafitna olovka

der Bleistiftanspitzer

šiljilo za olovke

das Radiergummi

gumica za brisanje

der Zeichenblock

blok za crtanje

2

die Schule - škola

die Zeichnung

crtež

der Pinsel

kist

der Malkasten

kutija s bojama

die Schere

makaze

der Klebstoff

ljepilo

das Übungsheft

bilježnica

die Hausaufgabe

domaći zadatak

12

die Zahl

broj

2+2

addieren

sabirati

5-2

subtrahieren

oduzimati

2×2

multiplizieren

množiti

rechnen

računati

A

der Buchstabe

slovo

ABCDEFG
HIJKLMN
OPQRSTU
VWXYZ

das Alphabet

abeceda

hello

das Wort

riječ

die Schule - škola

3

der Text

tekst

lesen

čitati

die Kreide

kreda

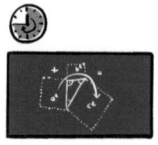

die Stunde

sat

das Klassenbuch

dnevnik

die Prüfung

ispit

das Zeugnis

svjedodžba

die Schuluniform

školska uniforma

die Ausbildung

obrazovanje

das Lexikon

leksikon

die Universität

sveučilište

das Mikroskop

mikroskop

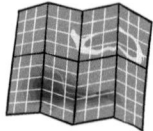

die Karte

karta

der Papierkorb

košara za papir

die Reise
putovanje

das Hotel
hotel
Grand
die Herberge
prenoćište
ROOMS
EXCHANGE
die Wechselstube
mjenjačnica
der Koffer
kofer
das Auto
auto

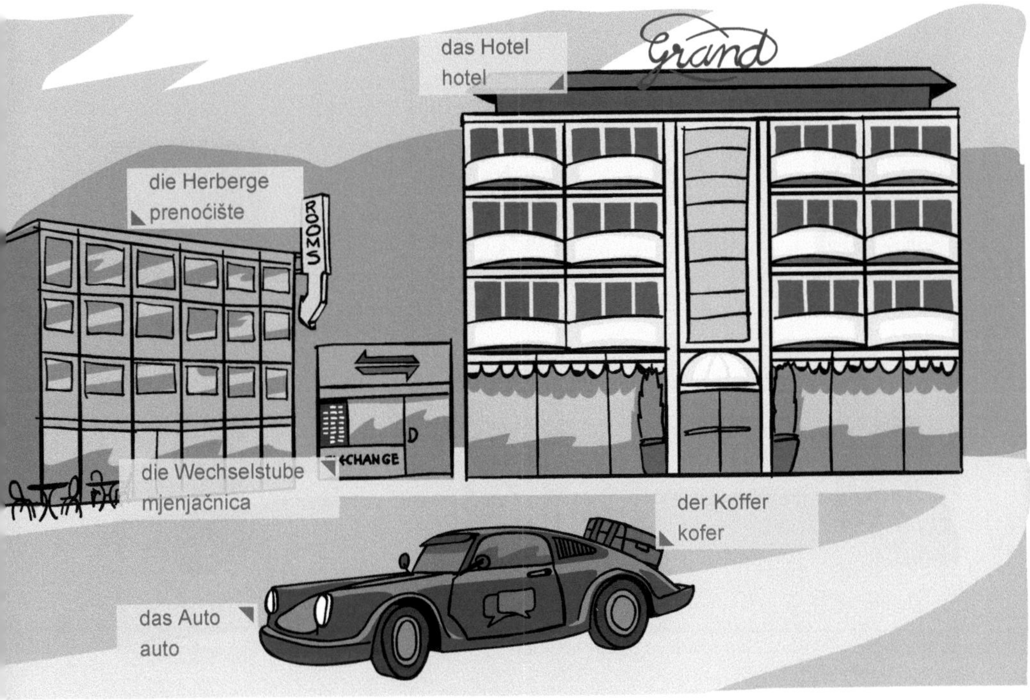

die Sprache
jozik

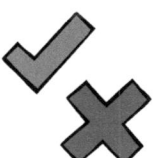

ja / nein
da / ne

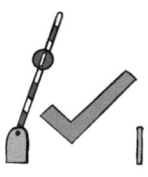

Okay
okay

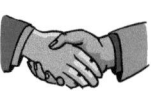

Hallo
zdravo

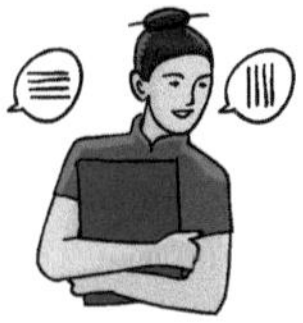

der Übersetzer
prevoditelj

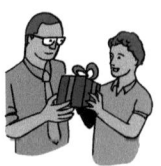

Danke
hvala

Was kostet...?

Koliko košta...?

Ich verstehe nicht

ne razumijem

das Problem

problem

Guten Abend!

dobro veče!

Guten Morgen!

Dobro jutro!

Gute Nacht!

Laku noć!

Auf Wiedersehen

doviđenja

die Richtung

smjer

das Gepäck

prtljaga

die Tasche

torba

der Rucksack

ruksak

der Gast

gost

das Zimmer

soba

der Schlafsack

vreća za spavanje

das Zelt

šator

die Reise - putovanje

die Touristeninformation

turističke informacije

der Strand

plaža

die Kreditkarte

kreditna kartica

das Frühstück

doručak

das Mittagessen

ručak

das Abendessen

večera

die Fahrkarte

karta za vožnju

der Fahrstuhl

dizalo

die Briefmarke

poštanska markica

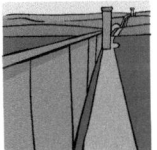

die Grenze

granica

der Zoll

carina

die Botschaft

ambasada

das Visum

viza

der Pass

putovnica

die Reise - putovanje

7

der Transport
transport

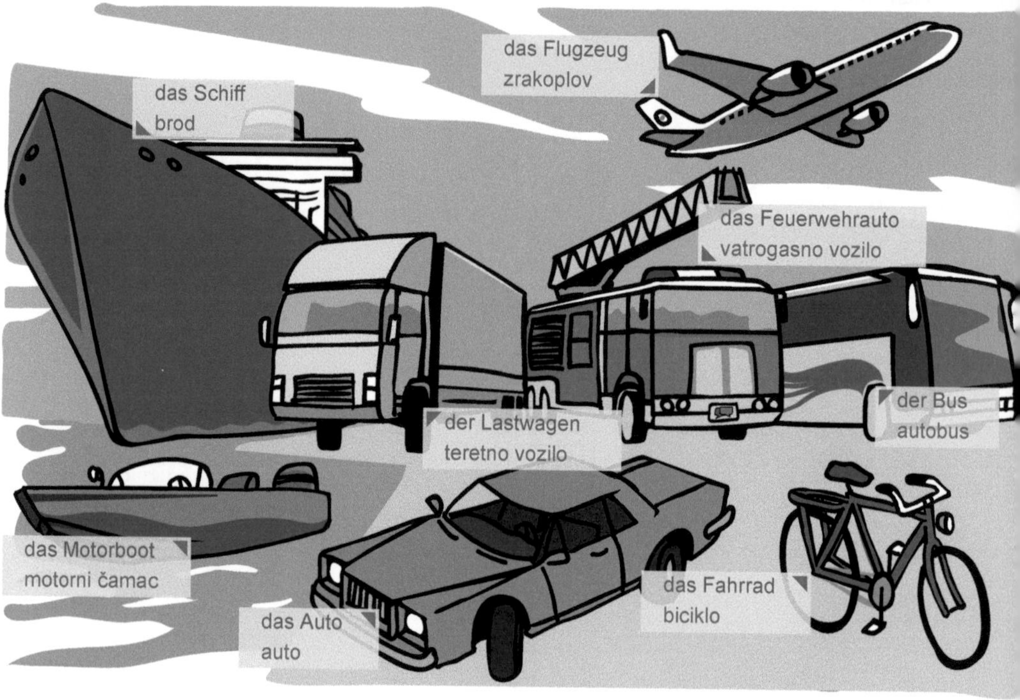

das Flugzeug
zrakoplov

das Schiff
brod

das Feuerwehrauto
vatrogasno vozilo

der Bus
autobus

der Lastwagen
teretno vozilo

das Motorboot
motorni čamac

das Auto
auto

das Fahrrad
biciklo

die Fähre
trajekt

das Boot
čamac

das Motorrad
motocikl

das Polizeiauto
policijski auto

das Rennauto
trkaći auto

der Mietwagen
iznajmljeno auto

das Carsharing

dijeljenje automobila

der Abschleppwagen

vučno vozilo

das Müllauto

vozilo za odvoz smeća

der Motor

motor

der Kraftstoff

benzin

die Tankstelle

benzinska postaja

das Verkehrsschild

prometni znak

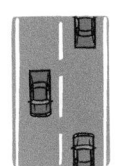

der Verkehr

promet

der Stau

zastoj

der Parkplatz

parkiralište

der Bahnhof

kolodvor

die Schienen

šine

der Zug

vlak

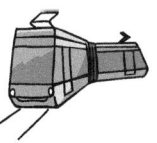

die Straßenbahn

tramvaj

der Wagon

vagon

der Transport - transport

9

der Helikopter

helikopter

der Flughafen

zrakoplovna luka

der Tower

toranj

der Passagier

putnik

der Container

kontejner

der Karton

karton

der Karren

kolica

der Korb

košara

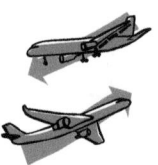

starten / landen

uzletjeti / sletjeti

die Stadt

grad

das Dorf

selo

das Stadtzentrum

centar grada

das Haus

kuća

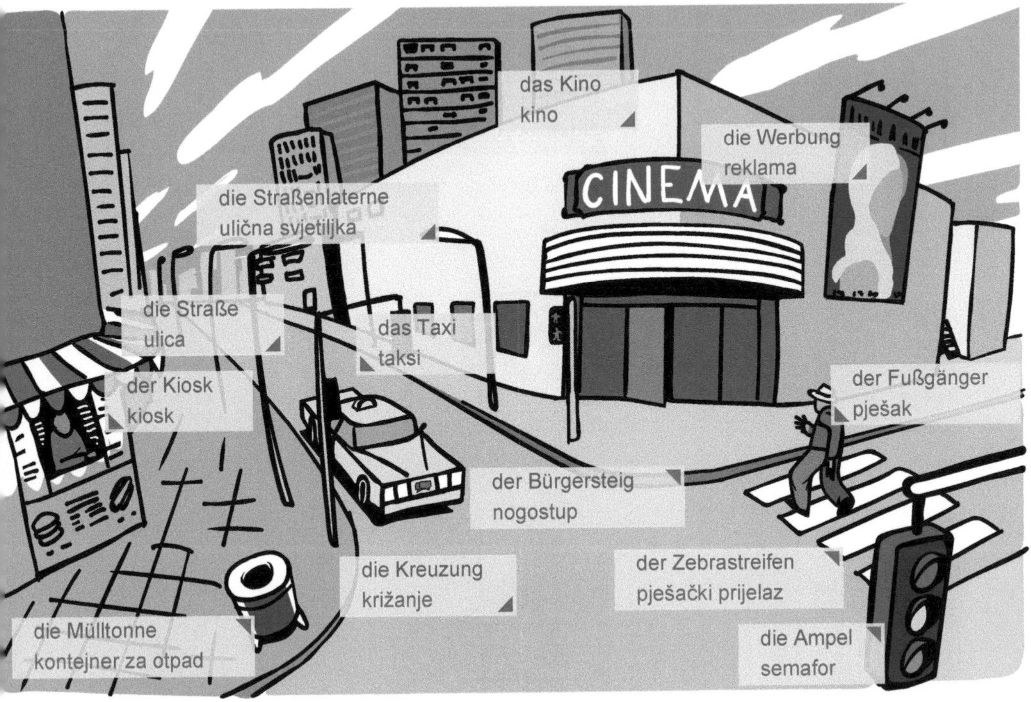

das Kino
kino

die Werbung
reklama

die Straßenlaterne
ulična svjetiljka

CINEMA

die Straße
ulica

das Taxi
taksi

der Kiosk
kiosk

der Fußgänger
pješak

der Bürgersteig
nogostup

die Kreuzung
križanje

der Zebrastreifen
pješački prijelaz

die Mülltonne
kontejner za otpad

die Ampel
semafor

die Hütte

koliba

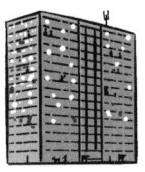

die Wohnung

stan

der Bahnhof

kolodvor

das Rathaus

vijećnica

das Museum

muzej

die Schule

škola

die Stadt - grad

11

die Universität

sveučilište

die Bank

banka

das Krankenhaus

bolnica

das Hotel

hotel

die Apotheke

ljekarna

das Büro

ured

die Buchhandlung

knjižara

das Geschäft

prodavaonica

der Blumenladen

cvjećara

der Supermarkt

supermarket

der Markt

trg

das Kaufhaus

robna kuća

der Fischhändler

ribarnica

das Einkaufszentrum

trgovački centar

der Hafen

luka

die Stadt - grad

der Park

park

die Bank

klupa

die Brücke

most

die Treppe

stepenice

die U-Bahn

podzemna željeznica

der Tunnel

tunel

die Bushaltestelle

autobusna stanica

die Bar

bar

das Restaurant

restoran

der Briefkasten

poštansko sanduče

das Straßenschild

ulični znak

die Parkuhr

parkirni sat

der Zoo

zoološki vrt

die Badeanstalt

bazen

die Moschee

džamija

die Stadt - grad

13

der Bauernhof

seosko gazdinstvo

die Umweltverschmutzung

zagađenje okoliša

der Friedhof

groblje

die Kirche

crkva

der Spielplatz

igralište

der Tempel

hram

die Landschaft

krajolik

das Blatt
list

der Wegweiser
putokaz

der Weg
put

die Wiese
livada

der Stein
kamen

der Baum
drvo

der Wanderer
šetač

der Fluss
rijeka

das Gras
trava

die Blume
cvijet

das Tal

dolina

der Berg

planina

der See

jezero

der Wald

šuma

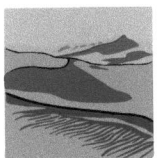

die Wüste

pustinja

der Vulkan

vulkan

das Schloss

dvorac

der Regenbogen

duga

der Pilz

gljiva

die Palme

palma

der Moskito

moskito

die Fliege

muha

die Ameise

mrav

die Biene

pčela

die Spinne

pauk

der Käfer

buba

der Frosch

žaba

das Eichhörnchen

vjeverica

der Igel

jež

der Hase

zec

die Eule

sova

die Vogel

ptica

der Schwan

labud

das Wildschwein

divlja svinja

der Hirsch

jelen

der Elch

los

der Staudamm

nasip

das Windrad

vjetrenjača

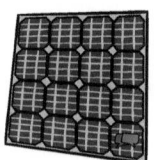

das Solarmodul

solarna ploča

das Klima

klima

16   die Landschaft - krajolik

das Restaurant
restoran

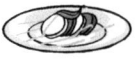

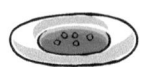

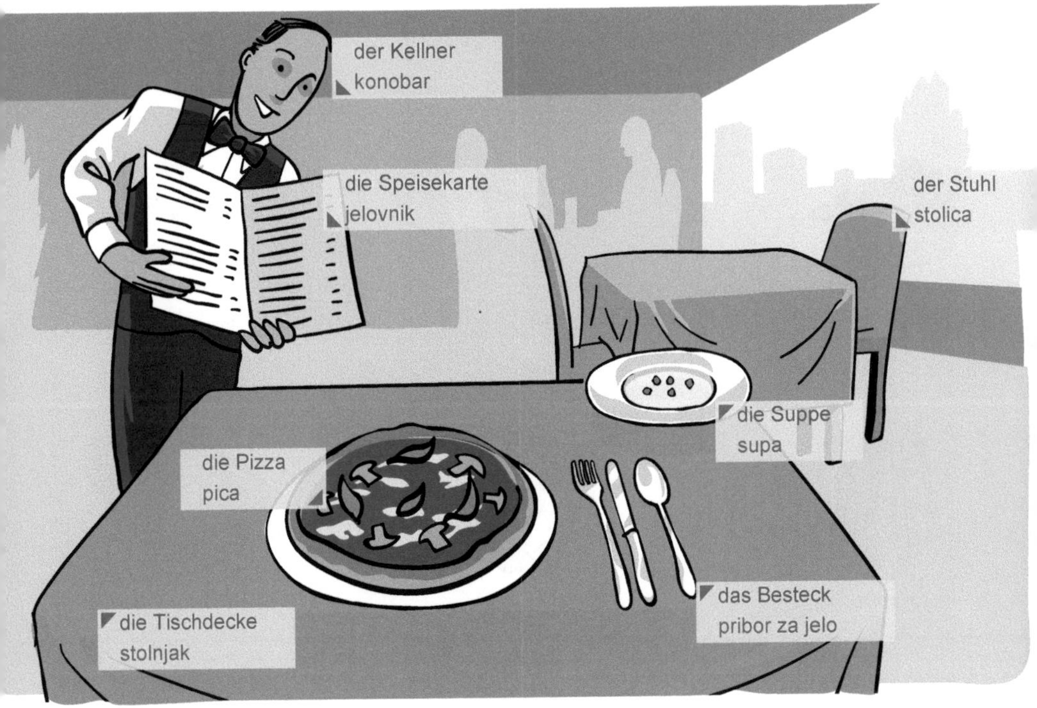
der Kellner
konobar
die Speisekarte
jelovnik
der Stuhl
stolica
die Suppe
supa
die Pizza
pica
das Besteck
pribor za jelo
die Tischdecke
stolnjak

die Vorspeise

predjelo

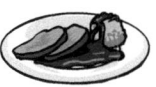

das Hauptgericht

glavno jelo

die Nachspeise

desert

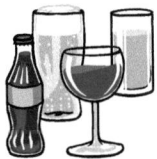

die Getränke

napitci

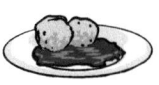

das Essen

jelo

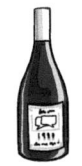

die Flasche

boca

das Fastfood

fastfood

das Streetfood

imbis hrana

die Teekanne

čajnik

die Zuckerdose

doza za šećer

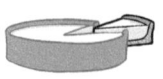

die Portion

porcija

die Espressomaschine

aparat za espresso

der Hochstuhl

visoka stolica

die Rechnung

račun

das Tablett

pladanj

das Messer

nož

die Gabel

vilica

der Löffel

žlica

der Teelöffel

čajna žlica

die Serviette

ubrus

das Glas

čaša

der Teller
tanjur

der Suppenteller
tanjur za supu

die Untertasse
tanjurić

die Sauce
sos

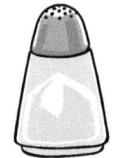

der Salzstreuer
soljenka

die Pfeffermühle
mlin za biber

der Essig
ocat

das Öl
ulje

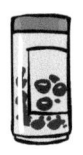

die Gewürze
začini

das Ketchup
kečap

der Senf
senf

die Mayonnaise
majoneza

der Supermarkt
supermarket

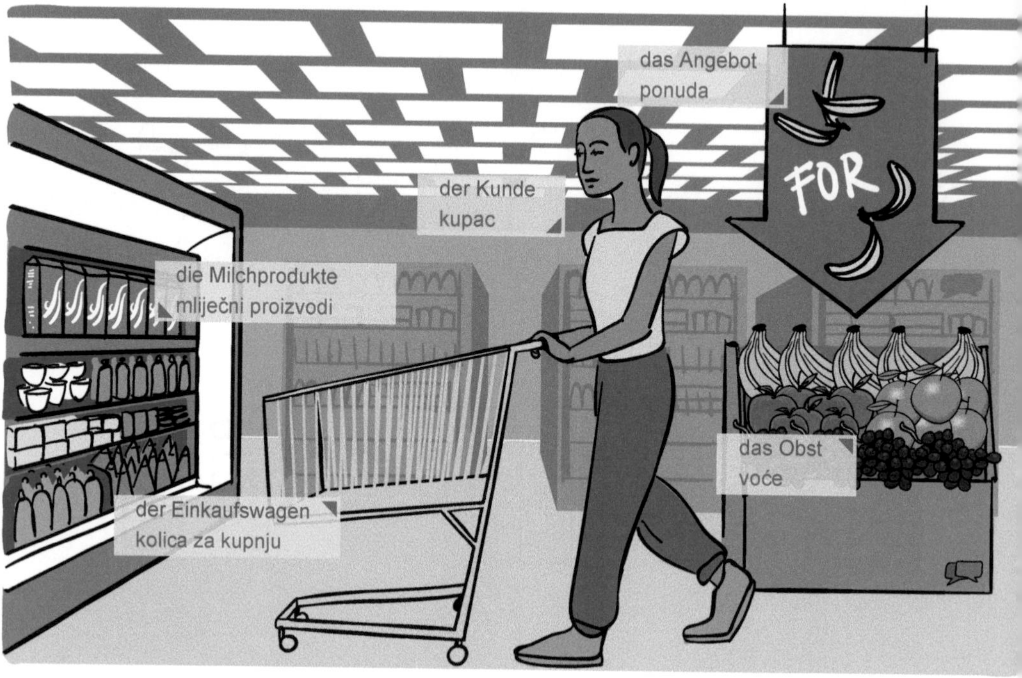

das Angebot
ponuda
FOR
der Kunde
kupac
die Milchprodukte
mliječni proizvodi
das Obst
voće
der Einkaufswagen
kolica za kupnju

BUTCHERS

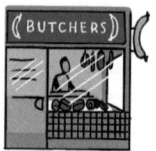

die Schlachterei

mesnica

BAKERY

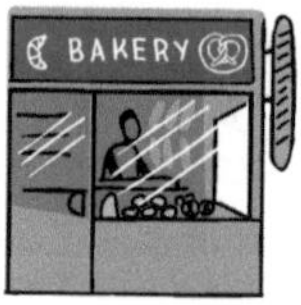

die Bäckerei

pekarnica

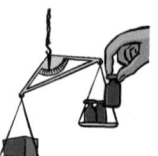

wiegen

vagati

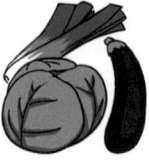

das Gemüse

povrće

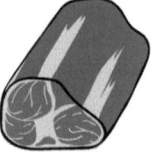

das Fleisch

meso

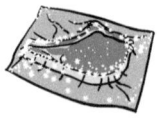

die Tiefkühlkost

duboko smrznuta hrana

der Aufschnitt

narezak

die Konserven

konzerve

das Waschmittel

sredstvo za pranje

die Süßigkeiten

slatkiši

die Haushaltsartikel

artikli za domaćinstvo

das Reinigungsmittel

sredstva za čišćenje

die Verkäuferin

prodavačica

die Kasse

blagajna

der Kassierer

blagajnik

die Einkaufsliste

lista za kupnju

die Öffnungszeiten

vrijeme rada

die Brieftasche

novčanik

die Kreditkarte

kreditna kartica

die Tasche

torba

die Plastiktüte

plastična vrećica

die Getränke
napitci

das Wasser

voda

der Saft

sok

die Milch

mlijeko

die Cola

cola

der Wein

vino

das Bier

pivo

der Alkohol

alkohol

der Kakao

kakao

der Tee

čaj

der Kaffee

kava

der Espresso

espresso

der Cappuccino

cappuccino

die Banane

banana

der Apfel

jabuka

die Orange

naranča

die Melone

lubenica

die Zitrone

limun

die Karotte

mrkva

der Knoblauch

češnjak

der Bambus

bambus

die Zwiebel

luk

der Pilz

gljiva

die Nüsse

orašasti plodovi

die Nudeln

rezanci

die Spaghetti

špagete

der Reis

riža

der Salat

salata

die Pommes frites

pomfrit

die Bratkartoffeln

pečeni krumpir

die Pizza

pica

der Hamburger

hamburger

das Sandwich

sendvič

das Schnitzel

šnicla

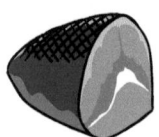

der Schinken

pršut

die Salami

salama

die Wurst

kobasica

das Huhn

kokoš

der Braten

pečenje

der Fisch

riba

das Essen - jelo

die Haferflocken

zobene pahuljice

das Müsli

musli

die Cornflakes

kukuruzne pahuljice

das Mehl

brašno

das Croissant

roščić

das Brötchen

pecivo

das Brot

kruh

der Toast

toast

die Kekse

keksi

die Butter

maslac

der Quark

svježi sir

der Kuchen

kolač

das Ei

jaje

das Spiegelei

jaje na oko

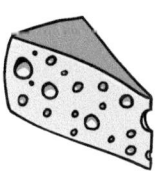

der Käse

sir

die Eiscreme

sladoled

der Zucker

šećer

der Honig

med

die Marmelade

marmelada

die Nougat-Creme

nugat krema

das Curry

curry

der Bauernhof
seosko gazdinstvo

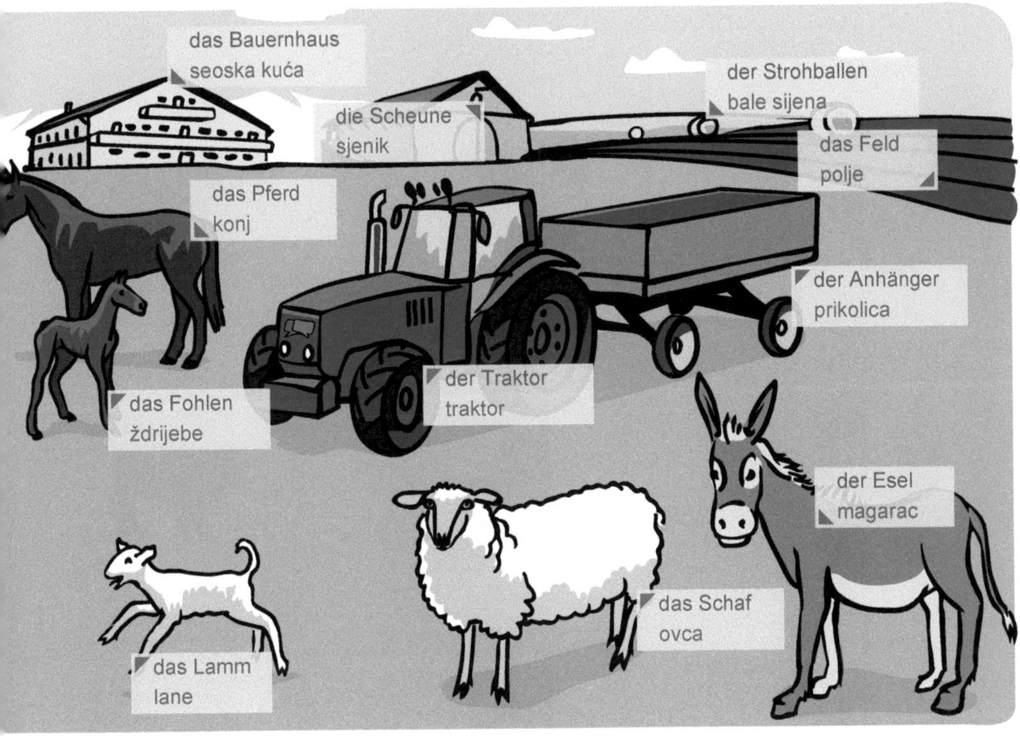

das Bauernhaus
seoska kuća

die Scheune
sjenik

der Strohballen
bale sijena

das Feld
polje

das Pferd
konj

der Anhänger
prikolica

das Fohlen
ždrijebe

der Traktor
traktor

der Esel
magarac

das Schaf
ovca

das Lamm
lane

die Ziege

koza

die Kuh

krava

das Kalb

tele

das Schwein

svinja

das Ferkel

prase

der Bulle

bik

die Gans

guska

die Ente

patka

das Küken

pilići

das Huhn

kokoš

der Hahn

pijetao

die Ratte

pacov

die Katze

mačka

die Maus

miš

der Ochse

vol

der Hund

pas

die Hundehütte

kućica za psa

der Gartenschlauch

vrtno crijevo

die Gießkanne

kanta za polijevanje

die Sense

kosa

der Pflug

plug

die Sichel

srp

die Hacke

motika

die Mistgabel

vilica za gnojivo

die Axt

sjekira

die Schubkarre

tačke

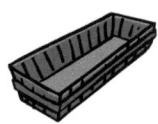

der Trog

korito

die Milchkanne

posuda za mlijeko

der Sack

vreća

der Zaun

ograda

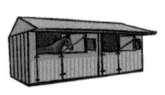

der Stall

štala

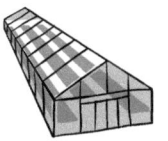

das Treibhaus

staklenik

der Boden

zemlja

die Saat

sjeme

der Dünger

gnojivo

der Mähdrescher

kombajn

ernten

žanjati

die Ernte

žetva

die Yamswurzel

yams začin

der Weizen

pšenica

das Soja

soja

die Kartoffel

krumpir

der Mais

kukuruz

der Raps

uljana repica

der Obstbaum

voćka

der Maniok

gomolj manioke

das Getreide

žitarice

das Haus
kuća

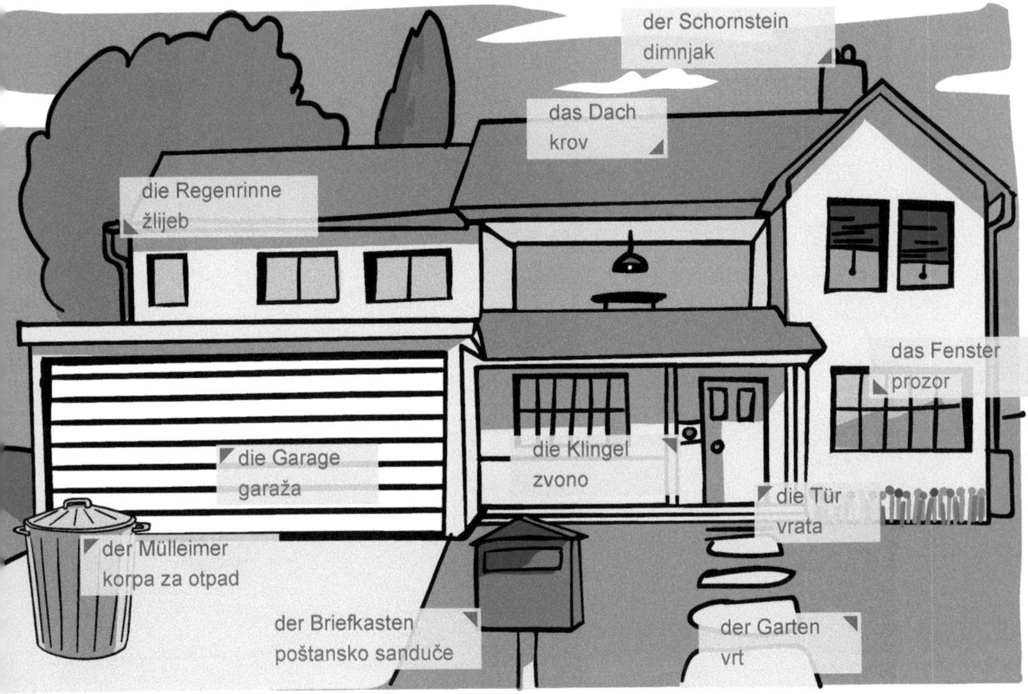

der Schornstein
dimnjak

das Dach
krov

die Regenrinne
žlijeb

das Fenster
prozor

die Garage
garaža

die Klingel
zvono

die Tür
vrata

der Mülleimer
korpa za otpad

der Briefkasten
poštansko sanduče

der Garten
vrt

das Wohnzimmer

dnevna soba

das Badezimmer

kupaonica

die Küche

kuhinja

das Schlafzimmer

spavaća soba

das Kinderzimmer

dječija soba

das Esszimmer

trpezarija

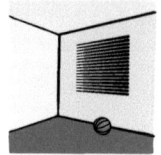

der Boden
pod

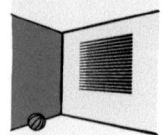

die Wand
zid

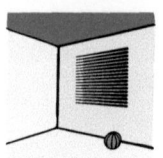

die Decke
strop

der Keller
podrum

die Sauna
sauna

der Balkon
balkon

die Terrasse
terasa

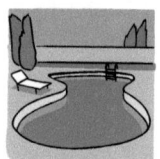

das Schwimmbad
bazen

der Rasenmäher
kosilica za travu

der Bettbezug
posteljina za krevet

die Bettdecke
deka za krevet

das Bett
krevet

der Besen
metla

der Eimer
kanta

der Schalter
sklopka

das Wohnzimmer
dnevna soba

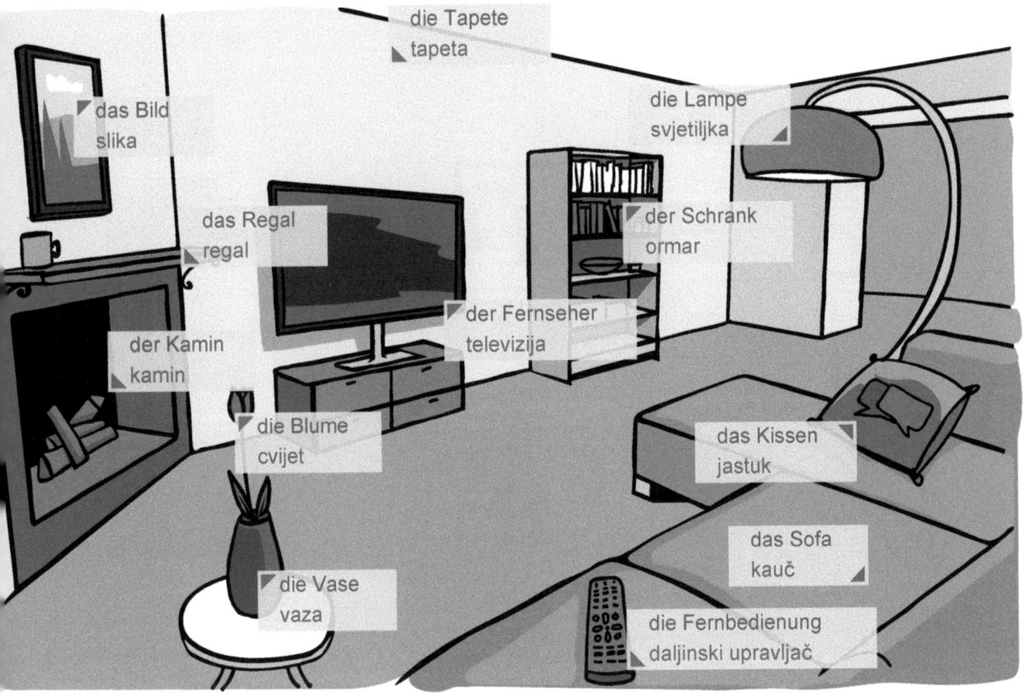

die Tapete
tapeta
das Bild
slika
die Lampe
svjetiljka
das Regal
regal
der Schrank
ormar
der Fernseher
televizija
der Kamin
kamin
die Blume
cvijet
das Kissen
jastuk
das Sofa
kauč
die Vase
vaza
die Fernbedienung
daljinski upravljač

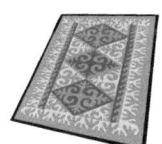

der Teppich
tepih

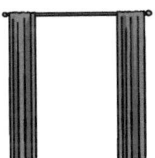

der Vorhang
zavjesa

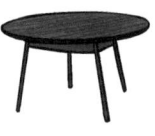

der Tisch
stol

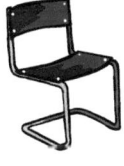

der Stuhl
stolica

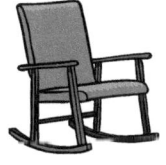

der Schaukelstuhl
stolica za njihanje

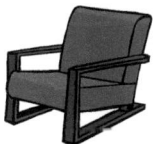

der Sessel
fotelja

das Buch

knjiga

die Decke

deka

die Dekoration

dekoracija

das Feuerholz

drvo za ogrjev

der Film

film

die Stereoanlage

stereo uređaj

der Schlüssel

ključ

die Zeitung

novine

das Gemälde

slika na platnu

das Poster

poster

das Radio

radio

der Notizblock

blok za pisanje

der Staubsauger

usisavač

der Kaktus

kaktus

die Kerze

svijeća

die Küche
kuhinja

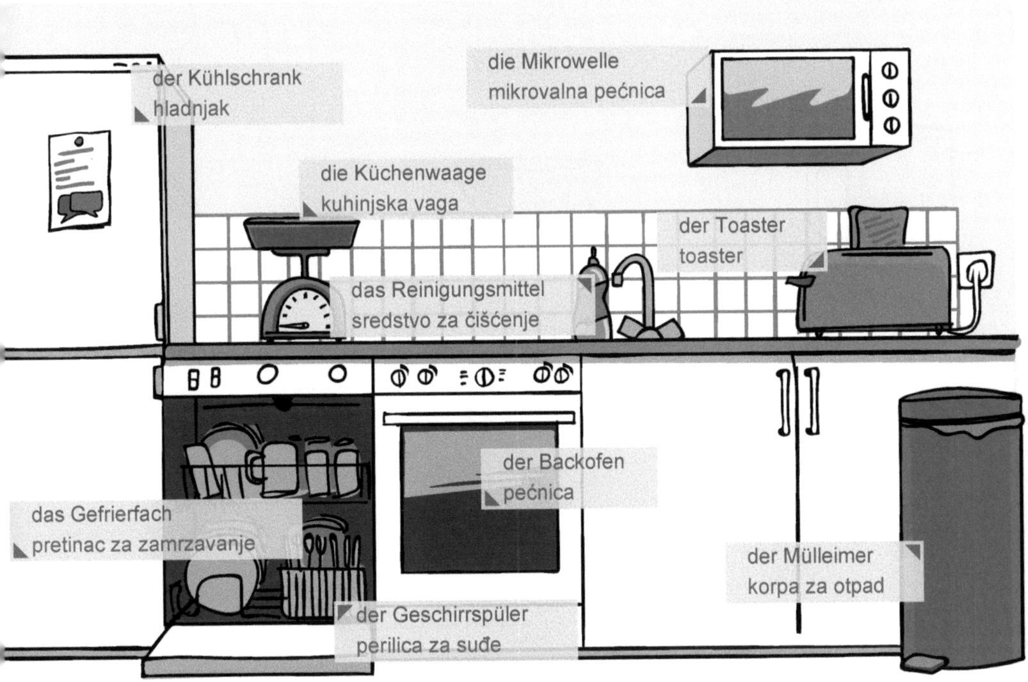
der Kühlschrank
hladnjak
die Mikrowelle
mikrovalna pećnica
die Küchenwaage
kuhinjska vaga
der Toaster
toaster
das Reinigungsmittel
sredstvo za čišćenje
der Backofen
pećnica
das Gefrierfach
pretinac za zamrzavanje
der Mülleimer
korpa za otpad
der Geschirrspüler
perilica za suđe

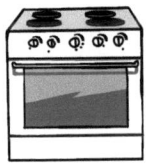

der Herd

štednjak

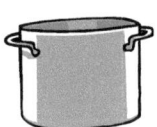

der Topf

lonac

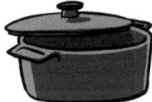

der Eisentopf

željezni lonac

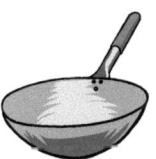

der Wok / Kadai

wok / kadai

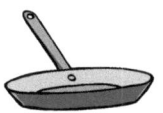

die Pfanne

tava

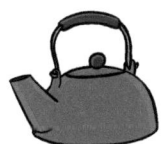

der Wasserkocher

kuhalo za vodu

der Dampfgarer

kuhalo na paru

das Backblech

lim za pečenje

das Geschirr

posuđe

der Becher

čaša

die Schale

zdjela

die Essstäbchen

štapići za jelo

die Suppenkelle

kutljača

der Pfannenwender

lopatica

der Schneebesen

pjenjača

das Kochsieb

sito za kuhanje

das Sieb

sito

die Reibe

ribež

der Mörser

mužar

der Grill

roštilj

die Feuerstelle

ognjište

das Schneidebrett

daska

das Nudelholz

oklagija

der Korkenzieher

vadičep

die Dose

konzerva

der Dosenöffner

otvarač konzervi

der Topflappen

krpa za lonac

das Waschbecken

sudoper

die Bürste

četka

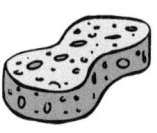

der Schwamm

spužva

der Mixer

mikser

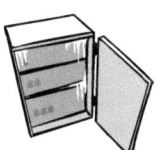

die Gefriertruhe

zamrzivač

die Babyflasche

bočica za bebe

der Wasserhahn

slavina za vodu

das Badezimmer
kupaonica

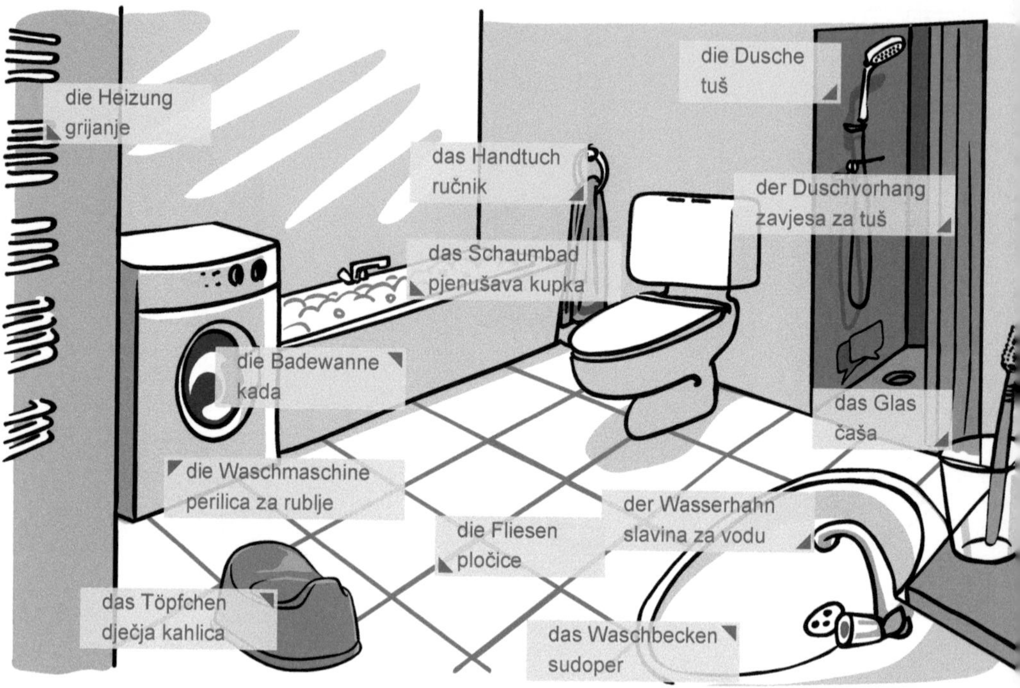

die Heizung
grijanje

die Dusche
tuš

das Handtuch
ručnik

der Duschvorhang
zavjesa za tuš

das Schaumbad
pjenušava kupka

die Badewanne
kada

das Glas
čaša

die Waschmaschine
perilica za rublje

die Fliesen
pločice

der Wasserhahn
slavina za vodu

das Töpfchen
dječja kahlica

das Waschbecken
sudoper

die Toilette
toalet

die Hocktoilette
čučavac

das Bidet
bidet

das Pissoir
pisoar

das Toilettenpapier
papir za toalet

die Toilettenbürste
četka za toalet

die Zahnbürste

četkica za zube

die Zahnpasta

pasta za zube

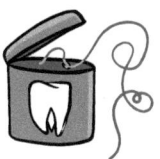

die Zahnseide

konac za zube

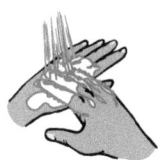

waschen

prati

die Handbrause

tuš ručica

die Intimdusche

tuš za pranje intimnih dijelova

die Waschschüssel

lavor

die Rückenbürste

četka za pranje leđa

die Seife

sapun

das Duschgel

gel za tuširanje

das Shampoo

šampon

der Waschlappen

krpa za pranje

der Abfluss

odvod

die Creme

krema

das Deodorant

dezodorans

das Badezimmer - kupaonica

der Spiegel
ogledalo

der Kosmetikspiegel
kozmetičko ogledalo

der Rasierer
brijač

der Rasierschaum
pjena za brijanje

das Rasierwasser
losion za poslije brijanja

der Kamm
češalj

die Bürste
četka

der Föhn
sušilo za kosu

das Haarspray
sprej za kosu

das Makeup
makeup

der Lippenstift
ruž za usne

der Nagellack
lak za nokte

die Watte
vata

die Nagelschere
škare za nokte

das Parfum
parfem

der Kulturbeutel

neseser

der Hocker

stolica

die Waage

vaga

der Bademantel

ogrtač

die Gummihandschuhe

rukavice za čišćenje

das Tampon

tampon

die Damenbinde

uložak

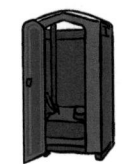

die Chemietoilette

kemijski toalet

das Kinderzimmer
dječija soba

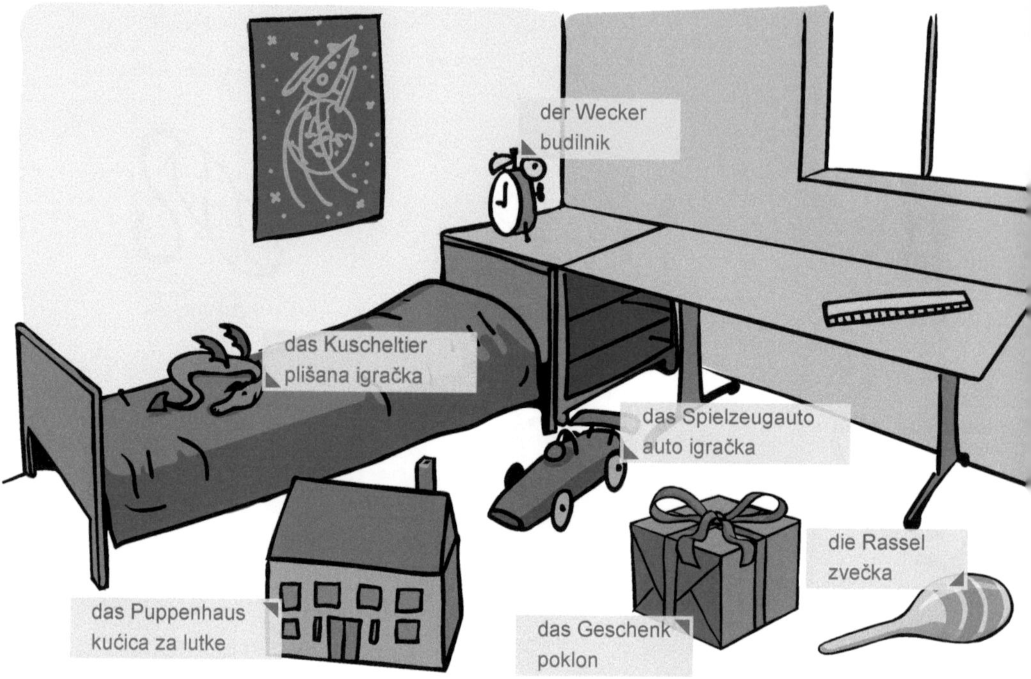
der Wecker
budilnik
das Kuscheltier
plišana igračka
das Spielzeugauto
auto igračka
die Rassel
zvečka
das Puppenhaus
kućica za lutke
das Geschenk
poklon

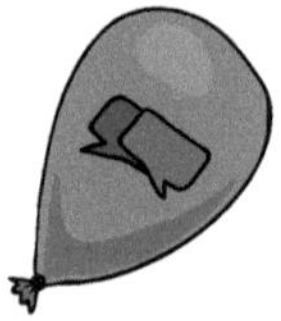

der Ballon

balon

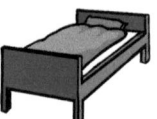

das Bett

krevet

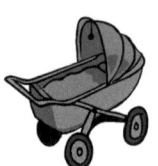

der Kinderwagen

dječija kolica

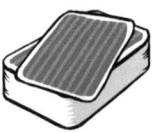

das Kartenspiel

igra s kartama

das Puzzle

slagalica

SUPER
MEGA

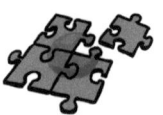

der Comic

strip

die Legosteine

lego kockice

die Bausteine

kockice za slaganje

die Action Figur

akcioni junak

der Strampelanzug

kombinezon za bebe

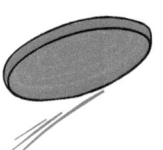

das Frisbee

frizbi

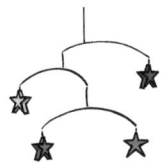

das Mobile

viseće igračke

das Brettspiel

društvene igre

der Würfel

kocka

die Modelleisenbahn

minijaturna željeznica

der Schnuller

duda

die Party

tulum

das Bilderbuch

slikovnica

der Ball

lopta

die Puppe

lutka

spielen

igrati

der Sandkasten
pješčanik

die Schaukel
ljuljačka

das Spielzeug
igračka

die Spielkonsole
konzola za igre

das Dreirad
tricikl

der Teddy
plišani medo

der Kleiderschrank
ormar

die Kleidung
odjeća

die Socken
kratke čarape

die Strümpfe
čarape

die Strumpfhose
hulahopke

der Schal
šal

der Regenschirm
kišobran

das T-Shirt
t-shirt

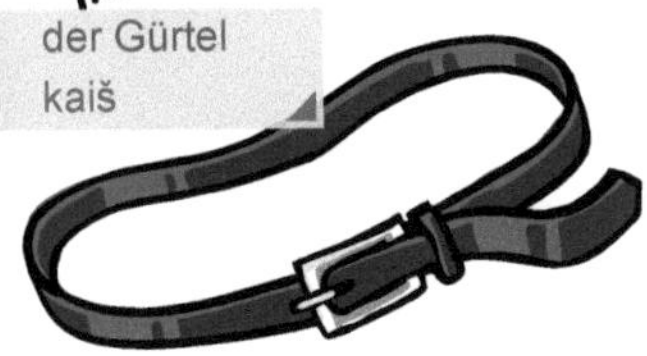

der Gürtel
kaiš

der Stiefel
čizme

die Hausschuhe
papuče

die Turnschuhe
patike

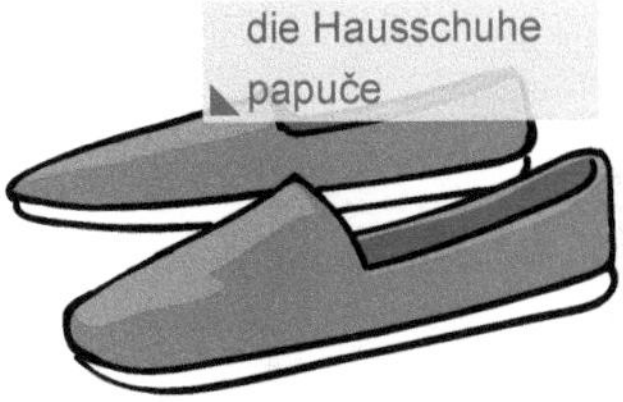

die Sandalen
sandale

die Schuhe
cipele

die Gummistiefel
gumene čizme

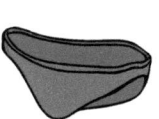
die Unterhose
gaćice

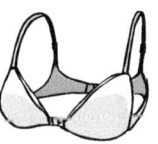
der Büstenhalter
grudnjak

das Unterhemd
potkošulja

der Body

bodi

die Hose

hlače

die Jeans

džins

der Rock

haljina

die Bluse

bluza

das Hemd

košulja

der Pullover

džemper

der Kapuzenpullover

pulover s kapuljačom

der Blazer

blejzer

die Jacke

jakna

der Mantel

kaput

der Regenmantel

kabanica

das Kostüm

kostim

das Kleid

haljina

das Hochzeitskleid

vjenčanica

der Anzug

odijelo

das Nachthemd

spavaćica

der Schlafanzug

pidžama

der Sari

sari

das Kopftuch

rubac

der Turban

turban

die Burka

burka

der Kaftan

kaftan

die Abaya

abaja

der Badeanzug

kupaći kostim

die Badehose

kupaće gaćice

die kurze Hose

kratke hlače

der Trainingsanzug

odjeća za trening

die Schürze

pregača

die Handschuhe

rukavice

der Knopf

gumb

die Brille

naočale

das Armband

narukvica

die Halskette

ogrlica

der Ring

prsten

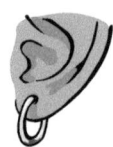

der Ohrring

naušnica

die Mütze

kapa

der Kleiderbügel

vješalica

der Hut

šešir

die Krawatte

kravata

der Reißverschluss

patent zatvarač

der Helm

kaciga

der Hosenträger

naramenice

die Schuluniform

školska uniforma

die Uniform

uniforma

das Lätzchen

podbradak

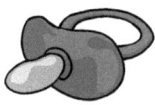

der Schnuller

duda

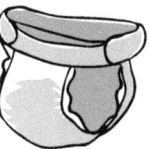

die Windel

pelena

das Büro
ured

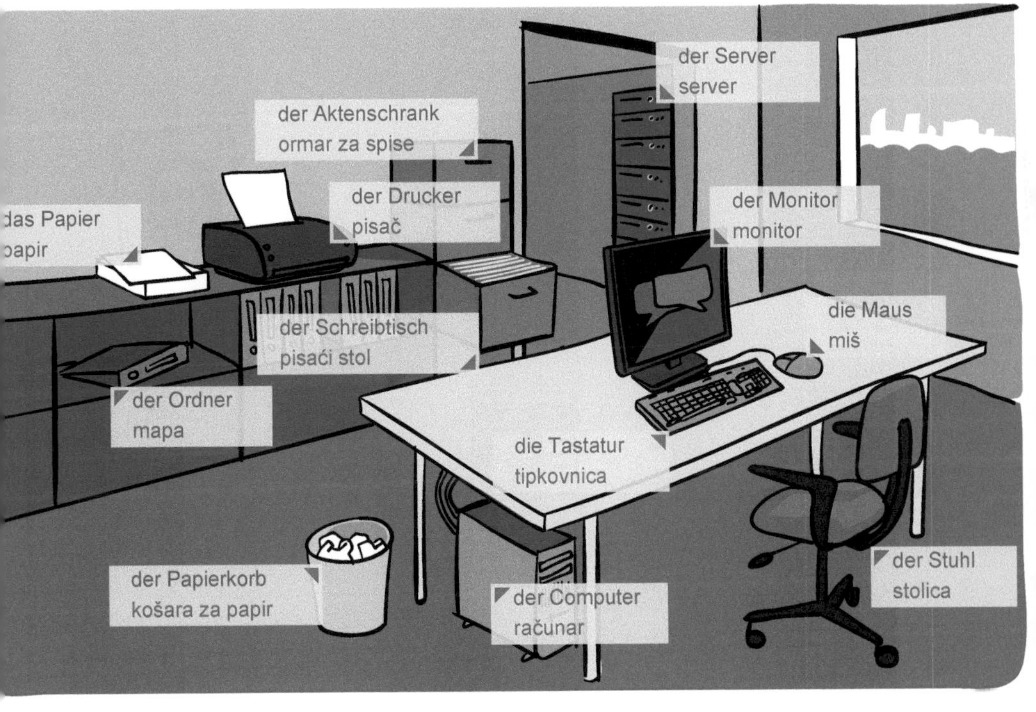

der Server
server

der Aktenschrank
ormar za spise

der Drucker
pisač

das Papier
papir

der Monitor
monitor

der Schreibtisch
pisaći stol

die Maus
miš

der Ordner
mapa

die Tastatur
tipkovnica

der Papierkorb
košara za papir

der Computer
računar

der Stuhl
stolica

der Kaffeebecher

šalica za kavu

der Taschenrechner

kalkulator

das Internet

internet

der Laptop

laptop

der Brief

pismo

die Nachricht

poruka

das Handy

mobilni telefon

das Netzwerk

mreža

der Kopierer

uređaj za kopiranje

die Software

softver

das Telefon

telefon

die Steckdose

utičnica

das Fax

faks

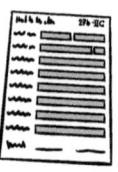

das Formular

obrazac

das Dokument

dokument

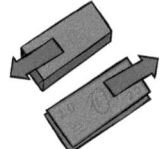

kaufen

kupovati

bezahlen

platiti

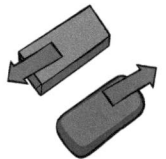

handeln

trgovati

das Geld

novac

der Dollar

dolar

der Euro

euro

der Yen

jen

der Rubel

rubalj

der Franken

švicarski franak

der Renminbi Yuan

renmindbi yuan

die Rupie

rupija

der Geldautomat

automat za novac

die Wechselstube

mjenjačnica

das Gold

zlato

das Silber

srebro

das Öl

nafta

die Energie

energija

der Preis

cijena

der Vertrag

ugovor

die Steuer

porez

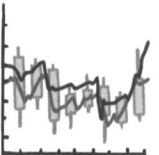

die Aktie

dionica

arbeiten

raditi

der Angestellte

službenik

der Arbeitgeber

poslodavac

die Fabrik

tvornica

das Geschäft

prodavaonica

die Berufe
zanimanja

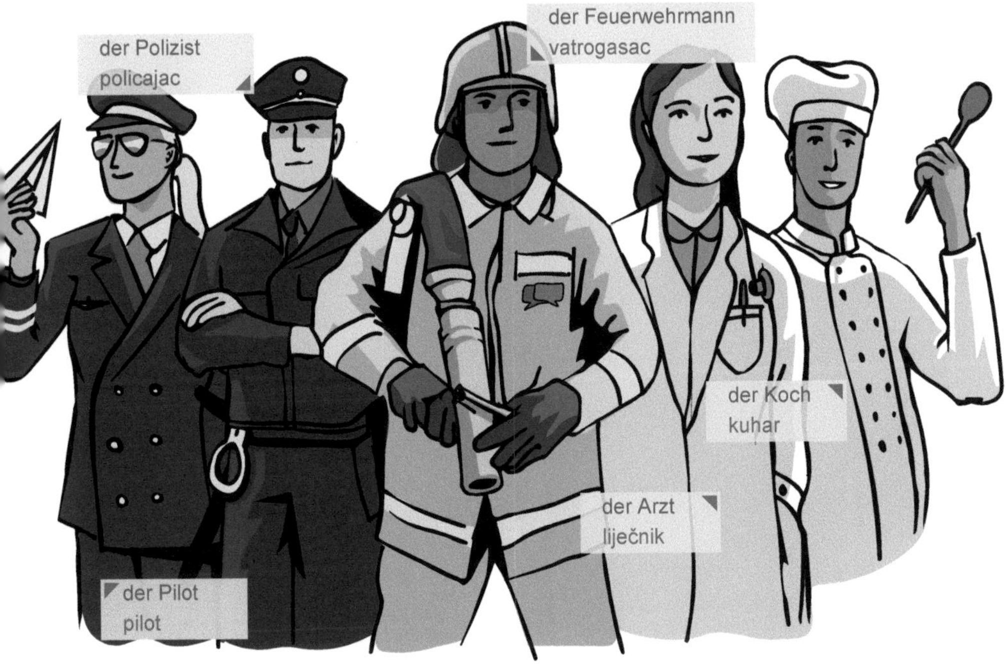

der Polizist
policajac
der Feuerwehrmann
vatrogasac
der Koch
kuhar
der Arzt
liječnik
der Pilot
pilot

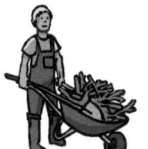

der Gärtner

vrtlar

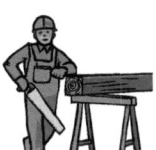

der Tischler

stolar

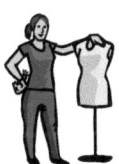

die Näherin

krojačica

der Richter

sudija

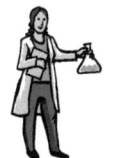

der Chemiker

kemičar

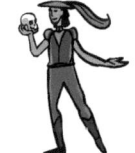

der Schauspieler

glumac

der Busfahrer

vozač autobusa

der Taxifahrer

vozač taksija

der Fischer

ribar

die Putzfrau

čistačica

der Dachdecker

krovopokrivač

der Kellner

konobar

der Jäger

lovac

der Maler

slikar

der Bäcker

pekar

der Elektriker

električar

der Bauarbeiter

građevinski radnik

der Ingenieur

inženjer

der Schlachter

mesar

der Klempner

limar

der Postbote

poštar

der Soldat

vojnik

der Architekt

arhitekta

der Kassierer

blagajnik

der Florist

cvjećar

der Friseur

frizer

der Schaffner

kondukter

der Mechaniker

mehaničar

der Kapitän

kapetan

der Zahnarzt

zubar

der Wissenschaftler

znanstvenik

der Rabbi

rabi

der Imam

imam

der Mönch

monah

der Geistliche

svećenik

die Berufe - zanimanja

55

die Werkzeuge
alati

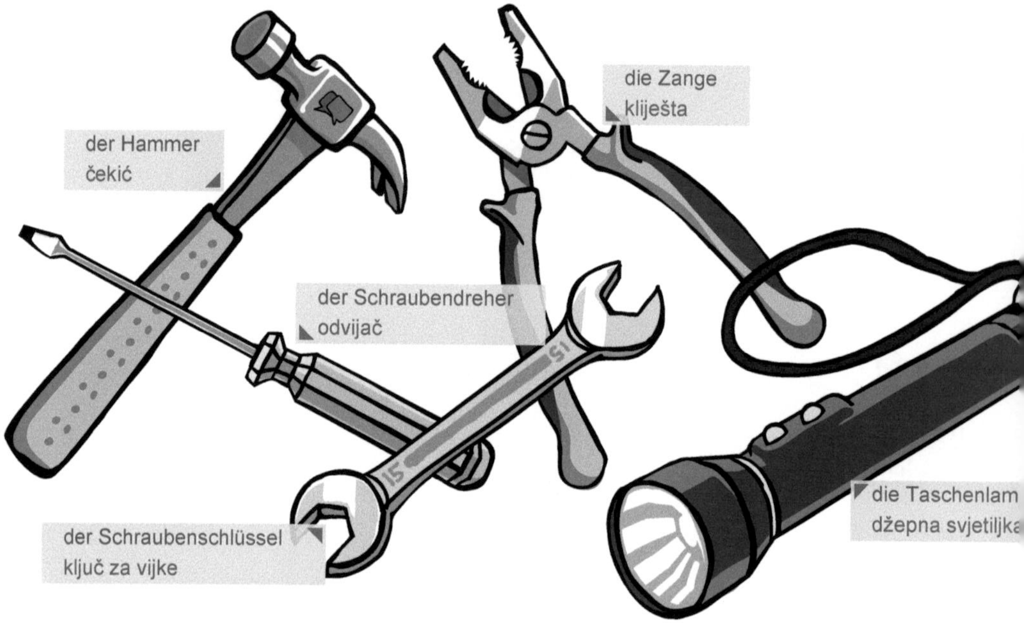
der Hammer
čekić
die Zange
kliješta
der Schraubendreher
odvijač
der Schraubenschlüssel
ključ za vijke
die Taschenlam
džepna svjetiljk

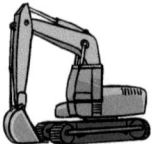

der Bagger
rovokopač

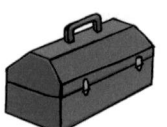

der Werkzeugkasten
kutija za alat

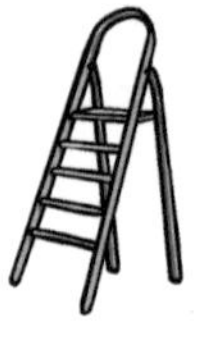

die Leiter
ljestve

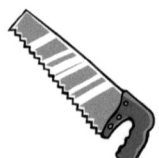

die Säge
pila

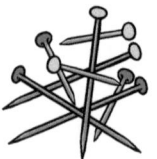

die Nägel
ekser

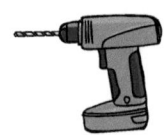

der Bohrer
bušilica

reparieren
popraviti

die Schaufel
lopata

Mist!
Sranje!

das Kehrblech
lopatica

der Farbtopf
lonac za boju

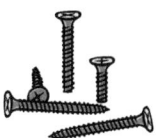

die Schrauben
vijci

die Musikinstrumente
glazbeni instrument

der Lautsprecher
zvučnik

das Schlagzeug
bubnjevi

die Gitarre
gitara

der Kontrabass
kontrabas

die Trompete
truba

das Klavier

klavir

die Violine

violina

der Bass

bas

die Pauke

timpani

die Trommeln

udaraljke za bubnjeve

das Keyboard

keyboard

das Saxophon

saksofon

die Flöte

flauta

das Mikrofon

mikrofon

der Zoo

zoološki vrt

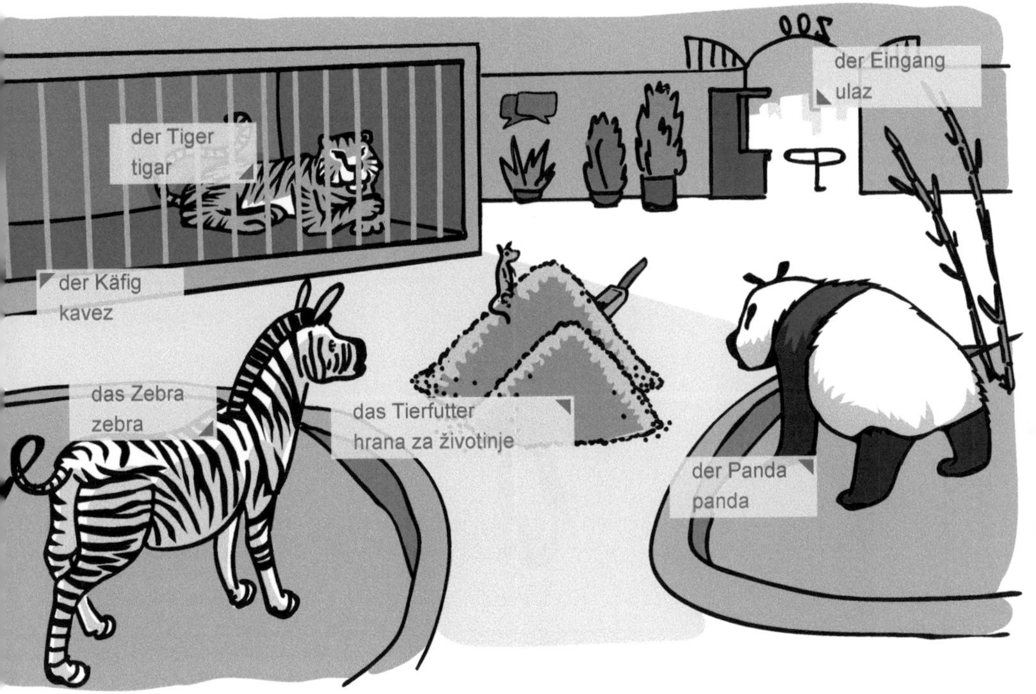

der Eingang
ulaz
der Tiger
tigar
der Käfig
kavez
das Zebra
zebra
das Tierfutter
hrana za životinje
der Panda
panda

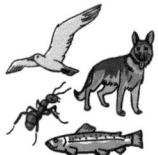

die Tiere

životinje

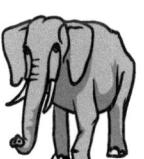

der Elefant

slon

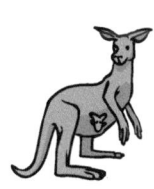

das Känguruh

kengur

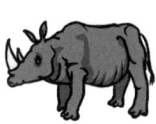

das Nashorn

nosorog

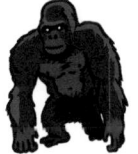

der Gorilla

gorila

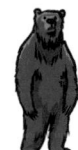

der Bär

medvjed

das Kamel

kamila

der Strauß

noj

der Löwe

lav

der Affe

majmun

der Flamingo

flamingo

der Papagei

papagaj

der Eisbär

polarni medvjed

der Pinguin

pingvin

der Hai

ajkula

der Pfau

paun

die Schlange

zmija

das Krokodil

krokodil

der Zoowärter

čuvar u zoološkom vrtu

die Robbe

tuljan

der Jaguar

jaguar

das Pony

poni

der Leopard

leopard

das Nilpferd

nilski konj

die Giraffe

žirafa

der Adler

orao

das Wildschwein

divlja svinja

der Fisch

riba

die Schildkröte

kornjača

das Walross

morž

der Fuchs

lisica

die Gazelle

gazela

der Sport

šport

das American Football
američki nogomet

das Radfahren
biciklizam

das Tennis
tenis

der Basketball
košarka

das Schwimmen
plivanje

das Boxen
boks

das Eishockey
hockey na ledu

der Fußball
nogomet

das Badminton
badminton

die Leichtathletik
atletika

der Handball
rukomet

das Skilaufen
skijanje

das Polo
polo

die Aktivitäten
aktivnosti

springen
skočiti
umarmen
zagrliti
lachen
smijati se
gehen
ići
singen
pjevati
träumen
sanjati
beten
moliti se
küssen
poljubiti

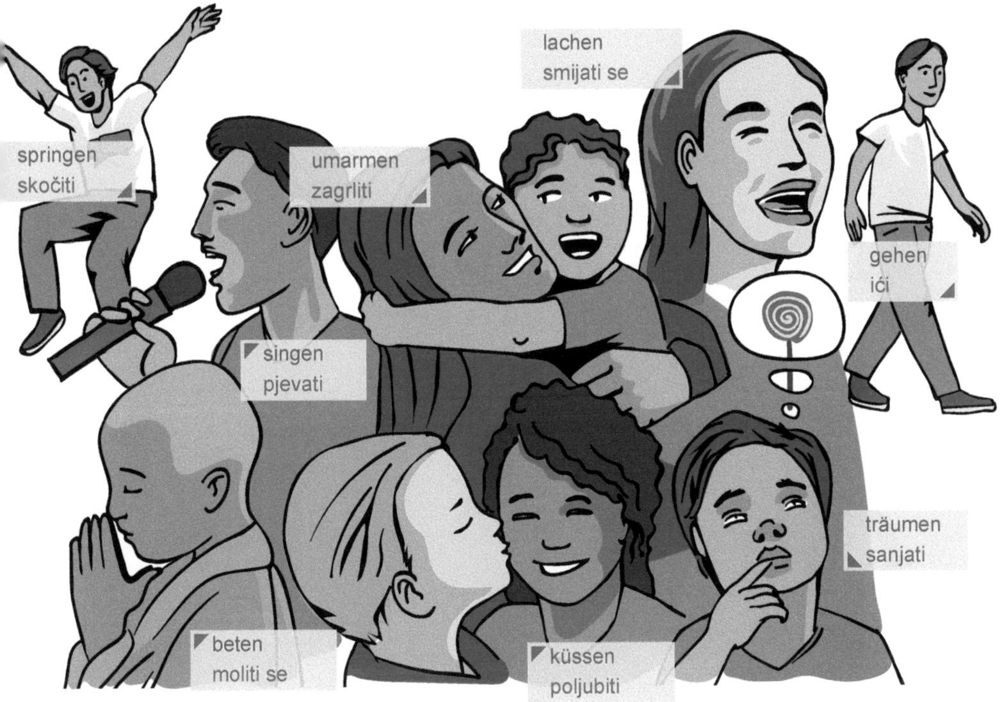

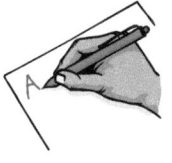

schreiben

pisati

zeichnen

crtati

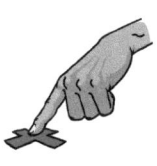

zeigen

pokazati

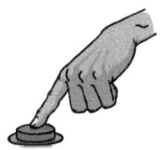

drücken

gurati

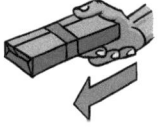

geben

dati

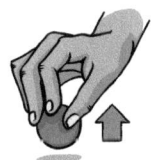

nehmen

uzeti

haben

imati

tun

činiti

sein

biti

stehen

stojati

laufen

trčati

ziehen

povlačiti

werfen

baciti

fallen

padati

liegen

ležati

warten

čekati

tragen

nositi

sitzen

sjediti

anziehen

oblačiti

schlafen

spavati

aufwachen

probuditi se

ansehen

gledati

weinen

plakati

streicheln

milovati

kämmen

češljati

reden

govoriti

verstehen

razumjeti

fragen

pitati

hören

slušati

trinken

piti

essen

jesti

aufräumen

pospremiti

lieben

voljeti

kochen

kuhati

fahren

voziti

fliegen

letjeti

segeln
ploviti

rechnen
računati

lesen
čitati

lernen
učiti

arbeiten
raditi

heiraten
vjenčati se

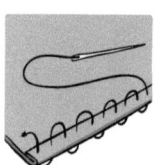

nähen
šiti

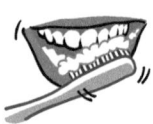

Zähne putzen
prati zube

töten
ubiti

rauchen
pušiti

senden
poslati

die Familie
obitelj

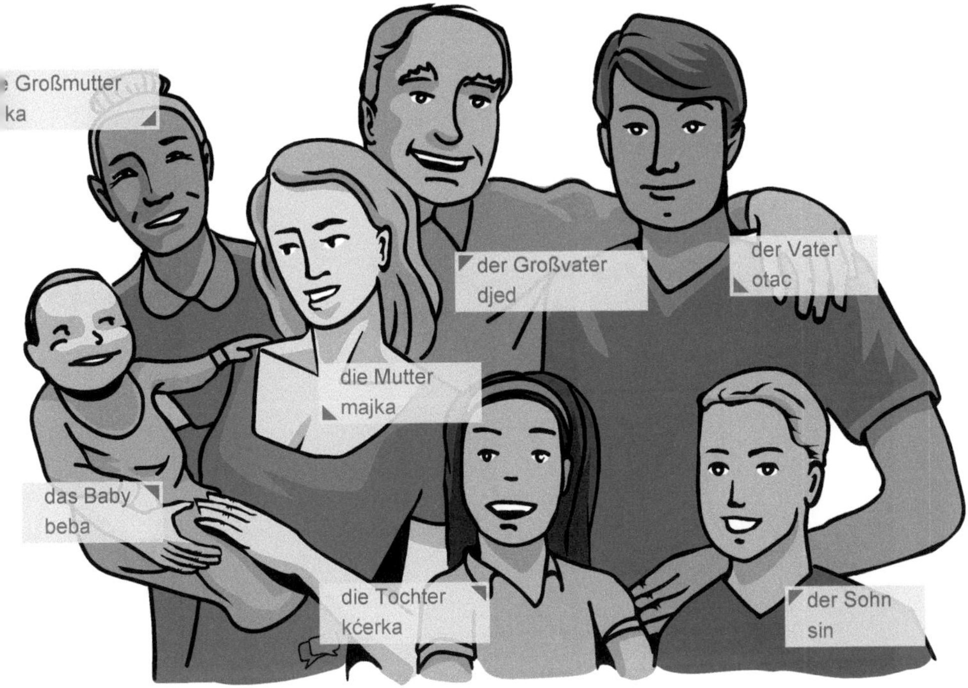
Großmutter
ka
der Großvater
djed
der Vater
otac
die Mutter
majka
das Baby
beba
die Tochter
kćerka
der Sohn
sin

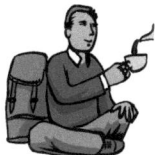

der Gast

gost

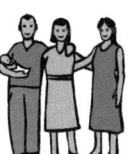

die Tante

tetka

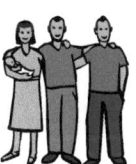

der Onkel

ujak, stric

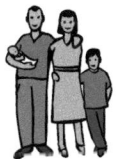

der Bruder

brat

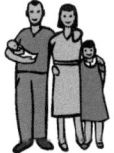

die Schwester

sestra

der Körper
tijelo

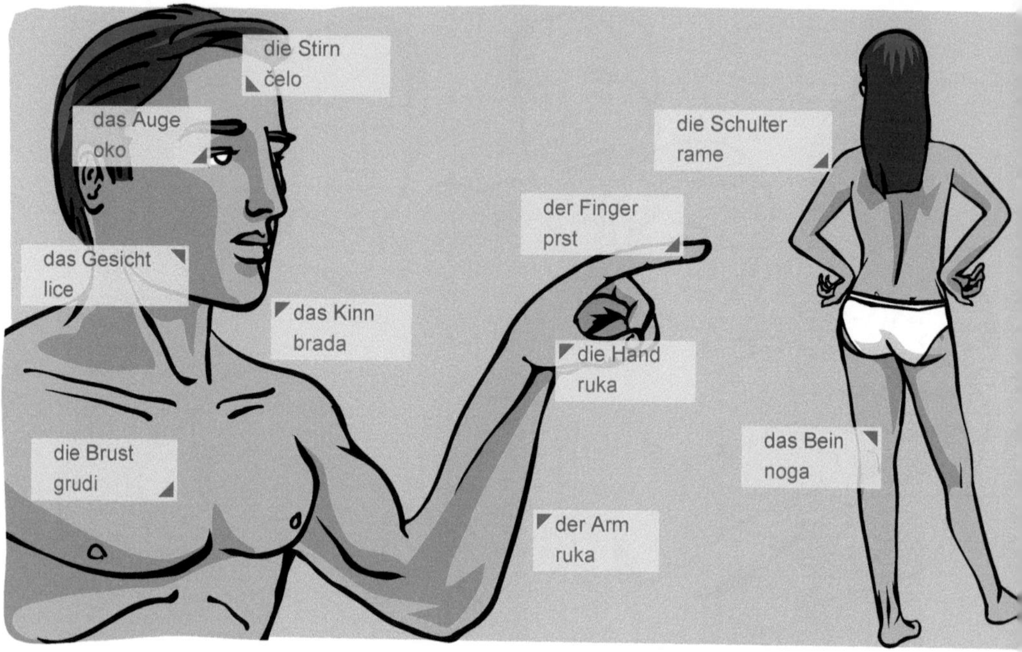

die Stirn
čelo

das Auge
oko

die Schulter
rame

der Finger
prst

das Gesicht
lice

das Kinn
brada

die Hand
ruka

die Brust
grudi

das Bein
noga

der Arm
ruka

das Baby
beba

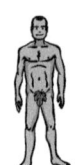

der Mann
muškarac

die Frau
žena

das Mädchen
djevojčica

der Junge
dječak

der Kopf
glava

der Körper - tijelo

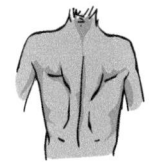

der Rücken

leđa

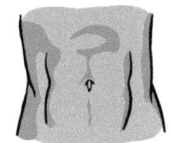

der Bauch

trbuh

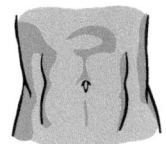

der Nabel

pupak

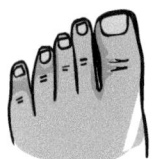

der Zeh

nožni prst

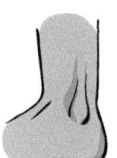

die Ferse

peta

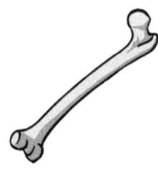

der Knochen

kost

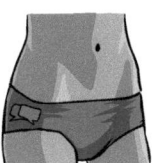

die Hüfte

kuk

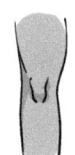

das Knie

koljeno

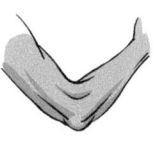

der Ellenbogen

lakat

die Nase

nos

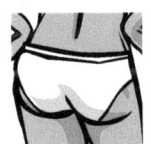

das Gesäß

stražnjica

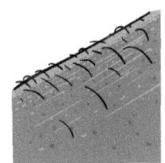

die Haut

koža

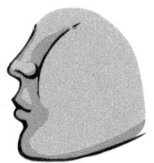

die Wange

obraz

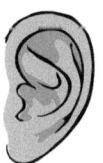

das Ohr

uho

die Lippe

usna

der Mund

usta

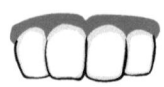

der Zahn

zub

die Zunge

jezik

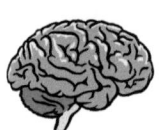

das Gehirn

mozak

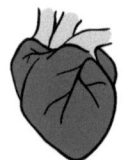

das Herz

srce

der Muskel

mišić

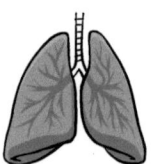

die Lunge

pluća

die Leber

jetra

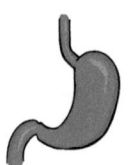

der Magen

želudac

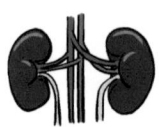

die Nieren

bubrezi

der Geschlechtsverkehr

snošaj

das Kondom

kondom

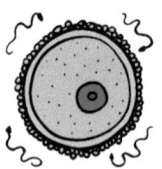

die Eizelle

jajna stanica

das Sperma

sperma

die Schwangerschaft

trudnoća

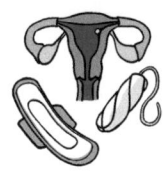

die Menstruation

menstruacija

die Vagina

vagina

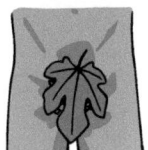

der Penis

penis

die Augenbraue

obrva

das Haar

kosa

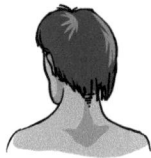

der Hals

vrat

das Krankenhaus
bolnica

das Krankenhaus
bolnica

der Krankenwagen
bolničko vozilo

der Rollstuhl
invalidska kolica

der Bruch
lom

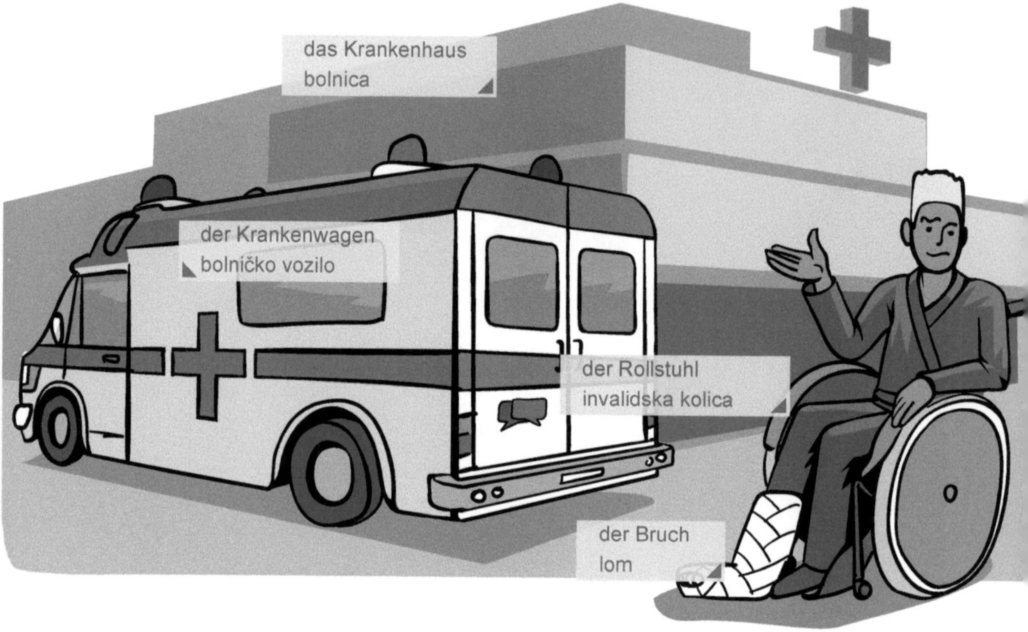

der Arzt

liječnik

die Notaufnahme

hitna medicinska služba

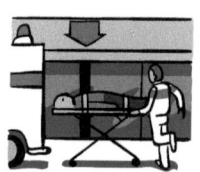

die Krankenschwester

medicinska sestra

der Notfall

hitni slučaj

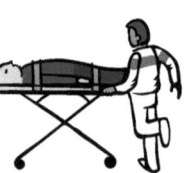

ohnmächtig

nesvijest

der Schmerz

bol

die Verletzung

ozljeda

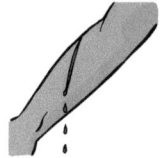

die Blutung

krvarenje

der Herzinfarkt

srčani infarkt

der Schlaganfall

moždani udar

die Allergie

alergija

der Husten

kašalj

das Fieber

groznica

die Grippe

gripa

der Durchfall

proljev

die Kopfschmerzen

glavobolja

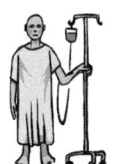

der Krebs

rak

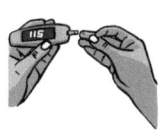

die Diabetis

dijabetes

der Chirurg

kirurg

das Skalpell

skalpel

die Operation

operacija

das CT
ct

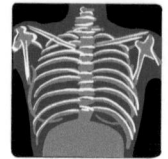
das Röntgen
rentgen

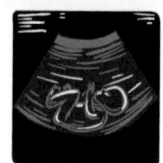
das Ultraschall
ultrazvuk

die Maske
maska

die Krankheit
bolest

das Wartezimmer
čekaonica

die Krücke
štaka

das Pflaster
flaster

der Verband
zavoj

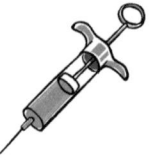
die Injektion
injekcija

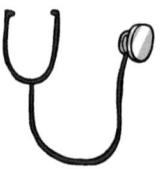
das Stethoskop
stetoskop

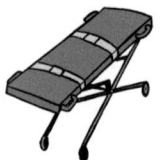
die Trage
nosilo

das Thermometer
termometar

die Geburt
rođenje

das Übergewicht
prekomjerna težina

das Hörgerät

slušni aparat

das Desinfektionsmittel

sredstvo za dezinfekciju

die Infektion

infekcija

das Virus

virus

das HIV / AIDS

hiv / sida

die Medizin

medicina

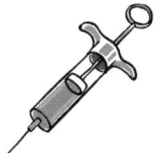

die Impfung

vakcinacija

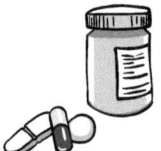

die Tabletten

tablete

die Pille

pilula

der Notruf

poziv u pomoć

das Blutdruck-Messgerät

uređaj za mjerenje tlaka

krank / gesund

bolesno / zdravo

Hilfe!

pomoć!

der Alarm

alarm

der Überfall

nasrtaj

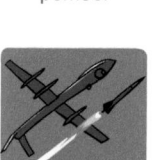

der Angriff

napad

die Gefahr

opasnost

der Notausgang

izlaz za nuždu

Feuer!

požar!

der Feuerlöscher

vatrogasni aparat

der Unfall

nezgoda

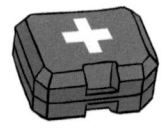

der Erste-Hilfe-Koffer

kofer prve pomoći

SOS

sos

die Polizei

policija

das Europa

Europa

das Nordamerika

sjeverna amerika

das Südamerika

južna amerika

das Afrika

Afrika

das Asien

Azija

das Australien

Australija

der Atlantik

Atlantik

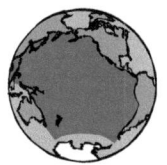

der Pazifik

Pacifik

der Indische Ozean

ocean

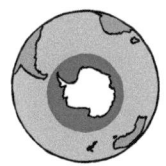

der Antarktische Ozean

antarktički ocean

der Arktische Ozean

arktički ocean

der Nordpol

sjeverni pol

der Südpol

južni pol

die Antarktis

Antarktik

die Erde

zemlja

das Land

zemlja

das Meer

more

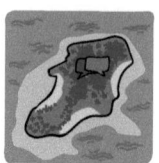

die Insel

otok

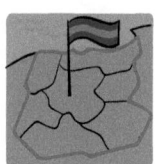

die Nation

nacija

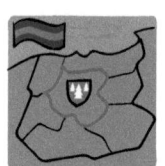

der Staat

država

das Zifferblatt

brojčanik sata

der Stundenzeiger

satna kazaljka

der Minutenzeiger

minutna kazaljka

der Sekundenzeiger

sekundna kazaljka

Wie spät ist es?

Koliko je sati?

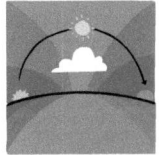

der Tag

dan

die Zeit

vrijeme

jetzt

sada

die Digitaluhr

digitalni sat

die Minute

minuta

die Stunde

sat

die Woche
tjedan

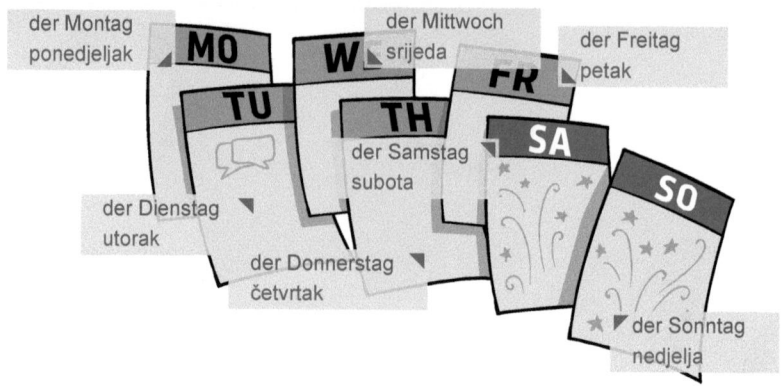

der Montag
ponedjeljak

der Mittwoch
srijeda

der Freitag
petak

der Dienstag
utorak

der Samstag
subota

der Donnerstag
četvrtak

der Sonntag
nedjelja

gestern

jučer

heute

danas

morgen

sutra

der Morgen

jutro

der Mittag

podne

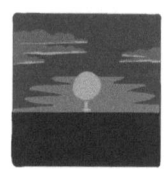

der Abend

večer

MO	TU	WE	TH	FR	SA	SU
1	2	3	4	5	6	7
8	9	10	11	12	13	14
15	16	17	18	19	20	21
22	23	24	25	26	27	28
29	30	31	1	2	3	4

die Arbeitstage

radni dani

MO	TU	WE	TH	FR	SA	SU
1	2	3	4	5	6	7
8	9	10	11	12	13	14
15	16	17	18	19	20	21
22	23	24	25	26	27	28
29	30	31	1	2	3	4

das Wochenende

vikend

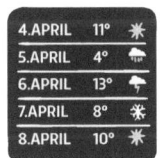

das Jahr
godina

der Regen
kiša
der Regenbogen
duga
der Schnee
snijeg
der Win
vjetar
der Frühling
proljeće
der Herbst
jesen
der Sommer
ljeto
der Winter
zima

4.APRIL 11°
5.APRIL 4°
6.APRIL 13°
7.APRIL 8°
8.APRIL 10°

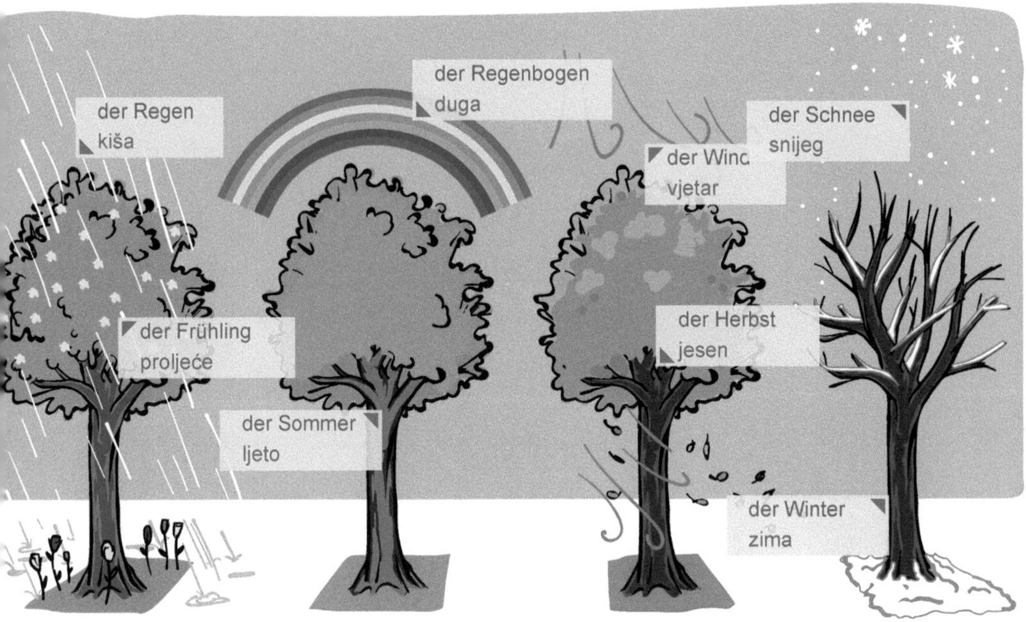

die Wettervorhersage
....
meteorološka prognoza

F C
120 40
90 30
60 20
30 10
0 0
-30 -10
-20

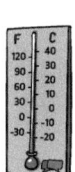

das Thermometer
....
termometar

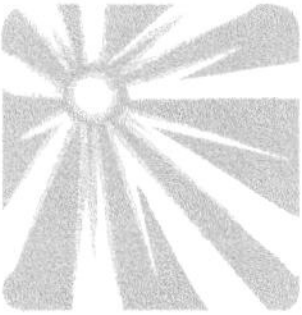

der Sonnenschein
....
sunčana svjetlost

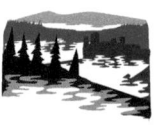

die Wolke
....
oblak

der Nebel
....
magla

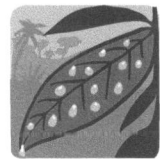

die Luftfeuchtigkeit
....
vlažnost zraka

der Blitz
munja

der Donner
grmljavina

der Sturm
oluja

der Hagel
tuča

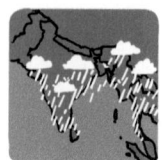
der Monsun
monsun

die Flut
poplava

das Eis
led

der Januar
siječanj

der Februar
veljača

der März
ožujak

der April
travanj

der Mai
svibanj

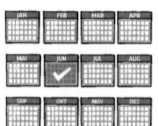
der Juni
lipanj

der Juli
srpanj

der August
kolovoz

das Jahr - godina

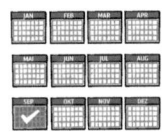

der September

rujan

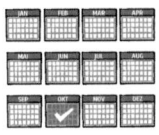

der Oktober

listopad

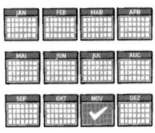

der November

studeni

der Dezember

prosinac

die Formen
oblici

der Kreis

krug

das Quadrat

kvadrat

das Rechteck

pravokutnik

das Dreieck

trokut

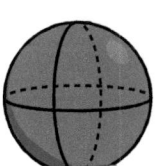

die Kugel

kugla

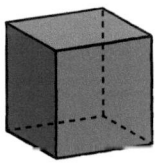

der Würfel

kocka

weiß

bijela

gelb

žuta

orange

narančasta

pink

ružičasta

rot

crvena

lila

ljubičasta

blau

plava

grün

zelena

braun

smeđa

grau

siva

schwarz

crna

viel / wenig

mnogo / malo

wütend / friedlich

ljutito / mirno

hübsch / hässlich

lijepo / ružno

der Anfang / das Ende

početak / kraj

groß / klein

veliko / maleno

hell / dunkel

svijetlo / tamno

der Bruder / die Schwester

brat / sestra

sauber / schmutzig

čisto / prljavo

vollständig / unvollständig

potpuno / nepotpuno

der Tag / die Nacht

dan / noć

tot / lebendig

mrtvo / živo

breit / schmal

široko / usko

genießbar / ungenießbar

jestivo / nejestivo

böse / freundlich

zlo / dobro

aufgeregt / gelangweilt

uzbuđeno / dosadno

dick / dünn

debelo / mršavo

zuerst / zuletzt

na početku / na kraju

der Freund / der Feind

prijatelj / neprijatelj

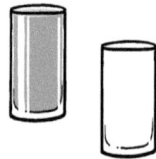

voll / leer

puno / prazno

hart / weich

tvrdo / mekano

schwer / leicht

teško / lagano

der Hunger / der Durst

glad / žeđ

krank / gesund

bolesno / zdravo

illegal / legal

ilegalno / legalno

intelligent / dumm

pametno / glupo

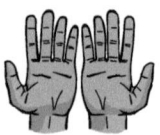

links / rechts

lijevo / desno

nah / fern

blizu / daleko

neu / gebraucht

novo / rabljeno

nichts / etwas

ništa / nešto

alt / jung

staro / mlado

an / aus

uključeno / isključeno

offen / geschlossen

otvoreno / zatvoreno

leise / laut

tiho / glasno

reich / arm

bogato / siromašno

richtig / falsch

točno / pogrešno

rau / glatt

hrapavo / glatko

traurig / glücklich

tužno / sretno

kurz / lang

kratko / dugo

langsam / schnell

polako / brzo

nass / trocken

mokro / suho

warm / kühl

toplo / hladno

der Krieg / der Frieden

rat / mir

die Zahlen
brojevi

0
null
nula

1
eins
jedan

2
zwei
dva

3
drei
tri

4
vier
četiri

5
fünf
pet

6
sechs
šest

7
sieben
sedam

8
acht
osam

9
neun
devet

10
zehn
deset

11
elf
jedanaest

12

zwölf
dvanaest

13

dreizehn
trinaest

14

vierzehn
četrnaest

15

fünfzehn
petnaest

16

sechzehn
šestnaest

17

siebzehn
sedamnaest

18

achtzehn
osamnaest

19

neunzehn
devetnaest

20

zwanzig
dvadeset

100

hundert
stotinu

1.000

tausend
tisuću

1.000.000

million
milijun

die Sprachen
jezici

Englisch

engleski

Amerikanisches Englisch

američko engleski

Chinesisch Mandarin

kinesko mandarinski

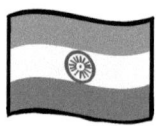

Hindi

hindi

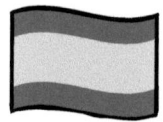

Spanisch

španjolski

Französisch

francuski

Arabisch

arapski

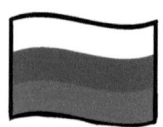

Russisch

ruski

Portugiesisch

portugalski

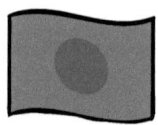

Bengalisch

bengalski

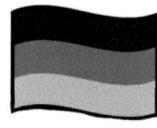

Deutsch

njemački

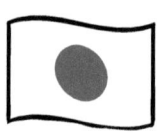

Japanisch

japanski

ich

ja

du

ti

er / sie / es

on / ona / ono

wir

mi

ihr

vi

sie

oni

wer?

tko?

was?

što?

wie?

kako?

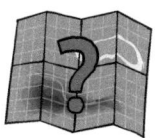

wo?

gdje?

wann?

kada?

Name

ime

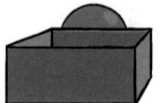

hinter

iza

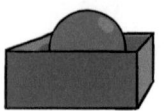

in

u

vor

ispred

über

preko

auf

na

unter

ispod

neben

pored

zwischen

između

der Ort

mjesto